Inhaltsverzeichnis:

Impressum   4
Vorwort   5
Muskeln   7
Den Schweinehund zu überwinden   10
Balance   11
Natürlicher Verfall   11
Körperfett (Depots)   12
Der Unterschied zu anderen   13
Jo-Jo Effekt   15
Back Points   16
Muskelernährung   17
Eiweiß   18
Aminosäuren   20
Körperfettreduktion   21
Glykämischer Index   23
Training   24
Übungen: 32
    Rücken   (iru1)   33
    Schultern   (isc1, isc2)   34
    Brust   (ibr1, ibr2)   36
    Arme   (iar1, ia2r, iar3) 38
    Bauch   (iba1, iba2)   41
    Beine   (ibe1)   43
Nachwort   45
Trainingsplan   46
Tabellen (Liegestütztest)   47

Bibliografische Information der Deutschen Nationalbibliothek: Die Deutsche Nationalbibliothek verzeichnet diese Publikation in der Deutschen Nationalbibliografie, detaillierte bibliografische Daten sind im Internet über http://dnb.dnd.de abrufbar

© 2015 The Laird
Herstellung und Verlag
BoD – Books on Demand, Norderstedt

ISBN 9783734780691

Vorwort:

Du kennst das: Man nimmt sich was vor und dann wenn es soweit ist, ist die größte Schwierigkeit sich aufzuraffen dies zu tun. Es ist schwer einfach zu beginnen.
Wenn man es doch geschafft hat anzufangen, dann behält man es 3-4 mal bei. Danach beginnt die Zeit der Ausreden. Dabei ist es egal ob es sich hierbei um Sport oder etwa um Rasenmähen oder sonst etwas geht.
Mal ist es zu warm, mal zu kalt. Morgen ist es besser. Heute muss ich einkaufen, dies und das erledigen.

Bleiben wir beim Beispiel Rasenmähen. Dort ist es so, dass dieser trotzdem weiter und weiter wächst und irgendwann ist es unabdingbar hier etwas zu tun.
Aber sind wir ehrlich. Haben wir dann diese Aufgabe erledigt, fühlen wir uns gut und zufrieden.

Wir haben ein gutes Gefühl.

Sicher fallen Dir noch viele weitere Beispiele ein.

Auch weiß jeder um den Verfall unserer Muskelsubstanz im Alter. Jedoch ist dieser Vorgang so schleichend, dass er nicht wahrgenommen wird oder wahrgenommen werden will. Die Umwelt unterstützt uns hier ebenso, indem alles immer leichter wird. Sei es durch Plastik anstatt Glasflaschen. Rasenmäher mit Antrieb, Schneefräsen anstatt Schaufeln usw.

Apropos Alter: Oft kommt der Einwand das man zu alt wäre um jetzt mit Muskeltraining zu beginnen.

Das ist schlichtweg falsch vor dem Hintergrund dass sich die Körperzellen und somit auch die Muskeln alle 6-8 Jahre komplett erneuern. Mit diesem Wissen zählt auch diese Ausrede nicht mehr.

Nun, dieses Buch soll helfen zu verstehen. Ohne zu tief in die Materie einzusteigen und mit wissenschaftlichen Ausdrücken Kompetenz ausstrahlen zu wollen und zu verwirren.
Ziel ist Klartext.
Einfach verständlich und nur das Wichtige.

Ich ärgere mich selbst über viele andere langatmige Bücher zu diesen Themen. In Wirklichkeit bieten diese auch nicht mehr Informationen. Diese sind meistens nur eben mit viel mehr Text umrandet. Unser Ziel sind Wissensbasics, die dich zum Erfolg führen, zu lehren und natürlich das Training selbst. Oft ist es schwer die richtige Mischung zu finden. Für den Einen sind die Infos zu viel, der Andere möchte noch tiefer einsteigen. Da ich keinen Kompromiss eingehen wollte, habe ich mich einzig und allein am Erfolg orientiert. Wissen was nötig ist. Alles andere ist Beiwerk.

Auch soll dieses Buch dich motivieren etwas zu tun. Es soll gleichermaßen für Frau und Mann sein.
Wir wollen keine Muskeln aufgepumpt wie in der Bodybuilder Szene. Nein, das wirst du damit auch nicht schaffen. Aber eine Balance im Körper, ohne den Rücken zu belasten, das bekommen wir gemeinsam hin.
Ein positiver Nebeneffekt wird ein Herzkreislauftraining sein, ohne dass man es tatsächlich wahrnimmt dieses bewusst zu tun.
Lass dich überraschen und merke selbst.
Nun viel Erfolg. Du wirst ihn haben.

Muskeln:

Warum sollten wir mehr Muskeln wollen? Muskeln stützen unser Skelett. Haben wir beispielsweise eine gute Rückenmuskulatur werden unsere Bandscheiben in ihrer Arbeit unterstützt. Es kommt somit in diesen Bereichen zu weniger Verschleiß und somit auch zu weniger Beschwerden.
Eine kräftige Muskulatur unterstützt auch unser Herz, indem es den Blutstrom mit in Bewegung hält.
Muskeln unterstützen folglich unser Wohlbefinden, unsere Gesundheit.
Deine Gesundheit, das dürfte wohl damit der wichtigste Aspekt sein.
Uns fällt vieles leichter. Wir fühlen uns attraktiv. Die Haut hängt nicht schlaff herunter sondern ist leicht gespannt am Körper.

Allerdings baut unser Körper mit zunehmendem Alter die Muskulatur ab. Dieser Vorgang beginnt bereits im Alter zwischen 20 und 30 Jahren. Kaum zu glauben aber wahr. Wir nehmen dies jedoch kaum zur Kenntnis, da wir noch über genügend Substanz verfügen. Je älter wir werden, desto eher fällt uns allerdings dieser Vorgang auf.
Bei Frauen hängt die Brust und das Hinterteil. Alles ist nicht mehr so straff, so prall. Deutlich sieht man bei den älteren Damen den schlabbrigen Trizepsbereich die Chickenwings.
Bei Männern ist das nicht anders. Nur haben Männer von Natur aus mehr an Muskelmasse. Dadurch ist dies nicht so deutlich zu sehen. Was man aber deutlich sieht in unserer Wohlfüllgesellschaft, ist das steigende Körpergewicht. Auch dies ist eine Folge der Muskelrückbildung im Alter. Weniger Muskeln bedeuten immer auch weniger Kalorienverbrauch.

Um den natürlichen Verfall zu verlangsamen brauchen wir keine Extrem-Sportler zu werden. Ein paar Minuten, alle zwei Tage, reichen aus. Wir müssen unserem Körper nur den Anreiz geben, dass die Muskulatur noch gebraucht wird. Dann wird er den Abbau deutlich verlangsamen. Vielleicht reizen wir unseren Körper auch zum Aufbau von Muskelmasse. Auch das geht, da sich die Zellen im Körper kontinuierlich erneuern.

Helfe deinen Körper, damit er dir helfen kann lange beschwerdefrei zu leben.
Gib ihm das Muskelkorsett das er braucht um sich stützen zu können. Fühle dich gut dabei. Strahle Sexappeal und Selbstbewusstsein aus.
Erfahre die Lust sich wieder beschwerdefrei bewegen zu können. Erhalte dir deine Lebensqualität bis ins hohe Alter. Du bist schon älter? Dann hole dir diese Lebensqualität zurück.

Hier geht es nicht darum sich mit Muskeln aufzupumpen, damit dich andere bewundern. Hier geht es nur um dich. Um dein Wohl. Gefällst du dir selbst, wirst du anderen gefallen. Aber darüber mach dir keine Gedanken.

Den körperlichen Verfall können wir nicht stoppen. Wir können ihn aber deutlich verlangsamen. Auch ist es möglich Muskelmasse zurückzugewinnen, welche schon dem Verfall zum Opfer wurde.
Das größte Problem dabei ist nur unser Schweinehund. Dieser hält uns oft ab Dinge zu tun, die wir an für sich tun wollen.

Gratulation, den ersten Schritt hast du bereits mit dem lesen dieses Buches gemacht. Sei es aus reiner Neugier oder weil du dich schon entschlossen hast deine Lebensqualität zu verbessern.

Den Schweinehund zu überwinden:

Du hast wenig Zeit? Das Fitnessstudio ist zu teuer? Es ist zu weit weg? Heute geht es dir nicht so gut? Du muss erst Platz schaffen? Du musst noch was erledigen? Du hast heute einen Termin? Du hast heute Rückenschmerzen? Usw.
All das kommt uns allen doch bekannt vor.
Vielleicht bist Du sogar in dem Besitz eines Fitnessgeräts oder einer Hantelbank? Wie oft läufst du daran vorbei ohne es zu beachten? Vielleicht machst Du sogar die eine oder andere Übung. Warum nicht mehr? Liegt es am Umbau oder am Wechseln der Gewichte? Am Ort? Ist es vielleicht im Keller zu ungemütlich?
Um mit etwas Neuem zu beginnen muss man den Einstieg so stark erleichtern / reduzieren, dass es gar kein Beginnen mehr ist.
Diesen leichten Einstieg haben wir, weil wir es hier und jetzt und gleich machen können. Es ist geschickt. Mit etwas Übung kannst du selbst auf dem Sofa, im Bett, unter der Dusche, vor dem Fernseher, im Zug und überall zwischendurch, trainieren. Du brauchst dich nicht einmal dafür extra Umzuziehen.

Weiterhin müssen relativ schnell Erfolge her um die Motivation beizubehalten.
Für die, die da recht große Probleme haben, empfehle ich lieber mit nur 1-2 Übungen anzufangen. Ich weiß, dass diese automatisch gesteigert werden, weil der Erfolg kommt und du dadurch motiviert bist mehr zu tun. Grundsätzlich gilt:
Lieber weniger Übungen, diese aber richtig, als Mehrere und diese nicht sauber ausgeführt. Dann nämlich bleibt der Erfolg auf der Strecke und die Ausreden etwas zu tun nehmen Überhand.

Balance:

Balance im Körper bedeutet ein Gleichgewicht zu Muskel und Gegenmuskel.

Aber auch von Unter- zu Oberkörper usw.

Davon hängt auch die Leistungsfähigkeit deines Körpers ab.

Als Beispiel nehmen wir den Bizeps. Jeder Mann träumt von einem großen Bizeps. Aber sind wir ehrlich. Was ist dieser ohne den Gegenmuskel Trizeps wert? Schaut er dann noch toll aus? Oder ein muskulöser Oberkörper zu Storchenbeine? Kann dieser mehr an Gewicht heben? Nein.

Dieser Körper ist nicht fähig mehr zu leisten. Es fehlt ihm die Balance

Natürlicher Verfall:

Jeder kennt es, jeder nimmt es wahr.

Im Alter nimmt man an Gewicht zu. Jedoch mehr an Körperfett als an Muskeln.

Der Grund ist recht simpel. Durch den Abbau der Muskelsubtanz mit zunehmenden Alter, aber gleichbleibender Kalorienzufuhr, setzen sich diese überschüssigen Kalorien im Körper als Fettdepot an.

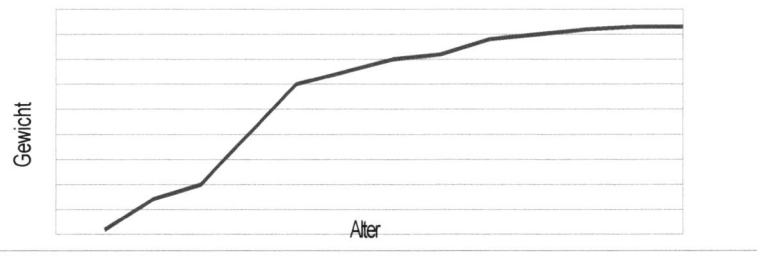

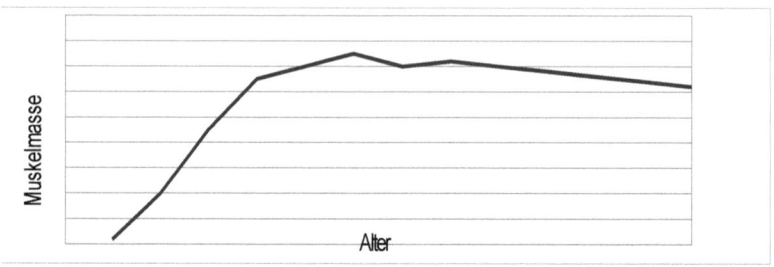

Durch gezieltes Muskeltraining kann man diesen Verfall verändern. Da sich die Zellen im Körper ein Leben lang erneuern ist es auch klar dass man bis ins hohe Alter durch Muskeltraining Muskeln aufbauen kann.

Körperfett (Depots):

Nimmt man zufiel an Kalorien zu sich, setzt der Körper diese als Körperfett an. Das kennen und wissen wir alle. Was viele nicht wissen ist, dass der Körper dieses Körperfett auch nur wieder in genau der umgekehrten Reihenfolge abbaut wie er es angesetzt hat.
Ein Beispiel:
Frauen legen Körperfett Depots zuerst an den Hüften und am Hinterteil an. Danach wachsen der Bauch, die Beine und der Oberkörper. Es bilden sich die Depots für die angeblich schlechten Tage. Will man nun gezielt dieses Körperfett an den Hüften reduzieren, ist es notwendig zu wissen, dass der Körper dies genau in umgekehrter Reihenfolge tut, wie er es angelegt hat. Der Körper wird zuerst an dem Oberkörper abnehmen. Danach wird er an den Beinen und den Bauch das Körperfett in den Depots reduzieren. Erst dann sind die Hüften dran.

Bei Männern setzen sich überschüssige Kalorien zuallererst im Bauch als Körperfett an. Ist der Mann nun auch an den Beinen, dem Hinterteil usw. dick, ist es oft Quatsch wenn dieser Mann gezielt nur Bauchmuskeln trainiert um einen sogenannten Sixpack zu bekommen. Oftmals wirkt der Bauch dadurch noch dicker, da sich unter dem Fettgewebe die Muskeln aufbauen und das Fettgewebe noch weiter nach Außen drücken.

Reihenfolge der Zu- und Abnahme der Fettdepots

	Männer		**Frauen**	
4	Beine	1	Oberkörper	4
3	Oberkörper	2	Bauch / Beine	3
2	Hüfte	3	Hintern	2
1	Bauch	4	Hüfte	1
Zunahme		Abnahme		Zunahme

Der Unterschied zu anderen:

Warum dieses Buch? In vielen Büchern die es zu diesem Thema gibt wirst du aufgefordert dein Leben umzustellen.
Eine andere Ernährung muss her. Du musst 5 mal in der Woche Sport treiben. Weiß der Kuckuck was du sonst noch alles tun musst.
Wie soll das gehen? Allein die Umstellung der Ernährung wenn man in einer Familie lebt? Wenn es auf der Arbeit Kantinenessen gibt? Wie soll man trainieren wenn man in Wechselschichten arbeitet usw. Das Familienleben würde hier einen großen Einschnitt erfahren. Dieser Einschnitt, die große Umstellung, sind oftmals ein Hemmschuh, der den Schweinehund nährt. Aus meiner Sicht natürlich zu Recht.

Wir wollen uns gar nicht groß umstellen, außer uns geht es ganz schlecht. Wir wollen die Gewohnheit ändern, das Bewusstsein ändern.

Nehmen wir regelmäßige Besuche von Fastfood Ketten. Diese wollen wir versuchen zu vermeiden.

Lieber mal eine Handvoll Nüsse mit viel Eiweiß und ungesättigten Fettsäuren anstatt Chips.

Dies wollen wir erreichen. Bewusstes wahrnehmen lehren.

Dieses Buch ist für Frau und Mann. Es stellt keinen Unterschied dar. Das Training soll schlaffes Gewebe in Form bringen. Vorhandene Muskeln stärken und aufbauen. Jeder entscheidet selbst was er für Ziele hat und welche Muskelgruppen er bevorzugt.

Muskelaufbau, Muskeldefinition, Körperfettreduzierung, allgemeines Wohlbefinden.... Alles ist möglich.

Anfangen, das ist es was du musst.

Glaub mir. Wenn du anfängst zu trainieren wird dir dein Körper sagen was er braucht. Er wird von selbst auf fettige Sattmacher und Kalorienschübe, die ihn träge machen, verzichten. Du wirst es merken. So wird es sein.

Wir wollen motivieren und diese Motivation durch Erfolge lange erhalten.

Wir wollen wenig Zeit und wenig Geld investieren.

Wir wollen gesund trainieren.

Wir wollen nicht unsere ganzen Gewohnheiten ändern. Wir wollen auch nicht hungern oder schlecht gelaunt sein.

Manchmal braucht man nur einen Kick, eine kleine Idee.

Jo-Jo Effekt:

Darüber gelesen oder gehört hast du sicher schon mal. Aber was ist das? Der Jo-Jo Effekt ist die Anpassung des Körpers zum Back Point.
Nehmen wir eine Person die Abnehmen will nach dem Motto: „Friss die Hälfte"
Die Kalorienzufuhr wird reduziert. Nun gibt es die Möglichkeit dass der Körper genauso viele Kalorien bekommt wie er benötigt.   Die Folge wird sein, dass weder zu- noch abgenommen wird. Keine Veränderung.
Möglichkeit zwei:
Der Körper bekommt weniger wie er benötigt. Man wird somit sein Gewicht reduzieren. Ich rede ausdrücklich von Gewicht und nicht von einer Körperfettreduktion.
Der Körper fängt an Muskeln abzubauen um mit den selbst hergestellten, umgewandelten Aminosäuren andere benötigte Muskeln zu ernähren und um seinen Kalorienverbrauch zu senken. Hier steckt in jedem der Steinzeit- bzw. Urmensch in uns. Es geht hier unbewusst um das Überleben. Folglich müssen alle Verbraucher sparen. Das wären eben die Muskeln welche die größten Kalorienverbrenner im Körper sind. Auch die Libido, die Lust auf Fortpflanzung, wird reduziert. Eben alles was Kalorien verbraucht wird der Körper versuchen zu reduzieren.

Wird dieser Zustand wieder verändert, will der Körper schnellst möglich seinen Zustand davor erreichen. Er versucht auf den vorherigen „Back Point" zu kommen.
Da jedoch die Muskeln mit abgebaut worden sind fehlen diese als Verbraucher und man nimmt quasi noch mehr überschüssige Kalorien zu sich. Die Auswirkungen kennt jeder.

Back Points:

Dein Körper arbeitet mit sogenannten Back Points.

Aber was ist das?

Back Points sind eine Art Speicherpunkt des Körpers. Vergleichbar mit einem PC Programm. Aus einer Veränderung heraus versucht er immer wieder hierhin zurück zu kommen.

Aus diesen resultieren z.B. der Jo-Jo Effekt. Diese Points gilt es zu ändern. Überlisten geht nicht, wird aber oft so verkauft.

Back Points setzen sich automatisch alle 5-7 Monate im Körper. Daher ist es wichtig und richtig einen Zustand über diesen Zeitraum zu halten.

Vielleicht hattest du schon mal einen gebrochenen Arm oder ein Bein. Nehmen wir den Arm.

Dieser wurde für 6 Wochen in einen Gips verpackt und stillgelegt. Der unbeanspruchte Muskel baute sich in dieser Zeit etwas ab. Kurze Zeit nach entfernen des Gipsverbandes erreicht der Muskel wieder ohne Training seine ursprüngliche Stärke.

Dies funktioniert im positiven wie jedoch auch im negativen. Also mit Muskeln und auch mit Körperfett.

Nutze die Back Points zu deinem Vorteil.

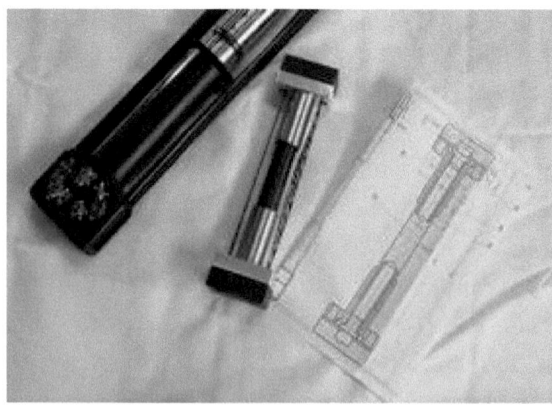

Muskelernährung:

Die Muskelernährung erfolgt über Eiweiß bzw. sogenannte Proteine. Hier stecken die Aminosäuren drin.
Diese stecken in diversen Lebensmitteln. Es gibt Aminosäuren welche der Körper selbst produzieren kann und welche die er dementsprechend zu sich nehmen muss. Diese Körperfremden nennt man essentielle Aminosäuren. Die Anderen nicht essentielle.
Das größte Problem hierbei besteht darin, dass der Körper erst anfängt zu bauen, wenn alle Bauteilchen da sind. Nehmen wir die Ziffern. Streichen wir hier zwei, drei Zahlen aus den vorhandenen Ziffern raus können wir nicht mehr richtig rechnen. Genau so funktioniert das im Körper. Dieser wartet eben bei essentiellen Aminosäuren bis diese zugeführt werden. Die anderen kann er selber bilden. Dazu ist es aber durchaus möglich, dass er dafür andere Muskeln abbaut und diese umwandelt.

Um alle Bauteile zu haben ist eine abwechslungsreiche Ernährung wichtig. Möglich sind auch Proteine in Form von Eiweißshakes aus der Fitnessbranche zu sich zu nehmen. Jedoch bitte nur als Nahrungsergänzung. Hier sollte man meiner Meinung nach auch zu einem Whey Protein greifen.
Wenn Du zusätzlich auf die Einnahme von Eiweiß beim Training setzt sollte die Einnahme während oder besser bis ca. 1 Stunde nach dem Training erfolgen.

Eiweiß:

Eiweiß hat viele positive Eigenschaften für unseren Körper. Durch Eiweiß erreicht man Muskelwachstum. Das weiß jeder. Aber es stärkt auch dein Immunsystem. Beispiel gefällig?? In der Steinzeit gab es im Winter nur Fleisch. Beeren und Obst und Gemüse gab es im Sommer. Diese waren nicht haltbar genug. Es gab keinen Kühlschrank. Dies stellte jedoch kein Problem dar. Das Eiweißreiche Fleisch brachte einen problemlos über den Winter. Krank zu werden bedeutete zu dieser Zeit nichts Gutes für das Überleben. Das diese zu einseitige Ernährung andere Probleme hervorbrachte ist aber eine andere Geschichte. Bezogen auf das Immunsystem kann man aber klar die Aussage treffen, dass ein hoher Eiweißspiegel dieses stärkt.

Auch sind Auswirkungen auf unser Gemüt bekannt. Ebenso für die Damenwelt interessant wären eine Gewebestraffung, ein Make-Up von Innen.

Ich will auch nicht weiter darauf eingehen. Speziell hierfür gibt es hinreichende Literatur.

Für uns wichtig zu wissen:
Es gibt viele verschiedene Arten. Dies hängt mit der Qualität, Quelle zusammen.
Eiweiß wird nach seiner Wertigkeit beurteilt. Als Ausgangsbasis gilt hier das Ei.
Je höher die Wertigkeit desto höher der Eiweißanteil. Kombinationen (Whey-Isolate) können eine Wertigkeit bis 140 erreichen.
Ein Hühnereiweiß liegt bei runde 90. Ein Milcheiweiß genannt Casein bei 70. Ein Molkeeiweiß bei 100.

Das hochwertigste ist in dem Fall das Molkeeiweiß. Eine Steigerung ist ein Isolate (Whey-Isolate)

Casein sind die dicken kräftigen Shakes. Die Konsistenz hat aber nichts mit dem prozentualen Anteil von Eiweiß zu tun wie bereits eben erklärt.
Ein hochwertiges Whey ist eher dünnflüssig.
Casein wird oft als Mahlzeitersatz genommen. Es ist ein Sattmacher mit lang anhaltender Verdauung. Caseine haben aber auch einen höheren Kalorienanteil.
Ich empfehle hier ganz klar ein Whey oder besser noch ein Whey-Isolate. Das hängt damit zusammen, dass diese recht schnell im Körper aufgenommen, leider aber auch verbraucht, werden. Dafür hat es aber sehr wenige Kalorien im Vergleich zu einem Casein. Da ich aber nicht auf eine Mahlzeit verzichten möchte und auch mit der Familie esse, ist das Whey für mich die erste Wahl. Würde man hier auf ein Casein setzen, hätte man die Mahlzeit plus zusätzliche Kalorien. Folglich noch ein Kalorienüberschuss der als Körperfett angelegt wird.

In modernen Eiweißshakes finden sich in der Regel alle Aminosäuren die der Körper benötigt und das in der richtigen Mischung. Sowohl Essentielle und auch nicht-essentielle.

Eiweiß hat noch mehr positive Effekte. Wie schon beschrieben stärkt ein hoher Eiweißspiegel im Körper das Immunsystem. Jetzt sagen vielleicht viele dass sie Sportskanonen kennen, die bei jedem Windhauch krank werden. Dies ist an für sich einfach zu erklären. Nehmen diese Sportskanonen kein zusätzliches Eiweiß zu sich, wird das vorhandene bei der sportlichen Betätigung sehr schnell verbraucht. Der Eiweißspiegel senkt sich.

Zudem ist der Körper vom Sport zusätzlich ausgelaugt und daher dann anfällig. Oft beobachtet man dies bei Läufern. Haben sie das gleiche schon mal bei einem Bodybuilder bemerkt? Kaum. Obwohl dieser sich auf engstem Raum mit vielen weiteren Menschen umgibt.

Diese nehmen zusätzlich Eiweiß zu sich. Sei es durch Shakes oder entsprechende Nahrung.

Auch nach Operationen sollte man vermehrt Eiweiß zu sich nehmen, um gegen Infekte gewappnet zu sein.

Der tägliche Eiweißbedarf liegt bei ca. 1-1,2 % des Körpergewichts. Sportler sollten so 1,2-1,6 % zu sich nehmen und wenn möglich nach einer OP kurzzeitig vielleicht bis zu 1,8%

Diese Werte sind um 0,2-0,4 % zu hoch gegriffen, wirken sich dadurch aber noch positiver auf unser Immunsystem aus.

Keine Sorge.

Zuviel Eiweiß schadet bei normaler Nierenfunktion nicht.

Aminosäuren:

Diese sind unter anderem für unser Wohlbefinden verantwortlich.

Es gibt eine Vielzahl von Aminosäuren, deren Bedeutung für uns zwar im Körper relevant sind, aber deren Namen wir nicht unbedingt kennen müssen.

Zwei davon möchte ich jedoch nennen.

Tyrosin. Dieses hilft gegen Stress. Es wirkt sich auf unser Gemüt aus.

Tryptophan ist ein wunderbares Einschlafmittel. Hierbei ist allerdings zu beachten das dieses auch ins Gehirn gelangt und nicht in den Muskel.

Das geschieht denkbar einfach durch die Zunahme von Zucker, sprich etwas Süßem.

Wird Tryptophan in Form von Eiweißshakes eingenommen wandert dieses in den Muskel. Durch etwas Süßes wird es ins Gehirn umgeleitet wo es als Einschlafmittel fungiert.

Das wussten schon unsere Eltern. Milch und Honig. Milch enthält Tryptophan und Honig den Zucker.

Weiterhin wird Tryptophan im Gehirn benötigt um Serotonin herzustellen. Um diesen Glücklichmacher zu produzieren benötigt der Körper zum Tryptophan allerdings noch das Vitamin B6.

Man kennt das wenn manche Menschen auf Diät sind, sind diese unausstehlich. Das hängt mit dem Gute Laune Stoff Tryptophan bzw. Serotonin zusammen. Weniger Nahrung bedeutet weniger Aminosäuren und folglich ein Mangel an diesen Stoffen

Körperfettreduktion:

Wir wollen an für sich nicht abnehmen. Wir wollen alle unser Körperfett reduzieren.

Da Muskeln mehr wiegen wie Fett kann es aber durchaus sein, dass man am Anfang des Trainings erst mal an Gewicht leicht zunimmt.

Irgendwann kommt der Punkt an dem die Muskeln mehr verbrennen als zugeführt wird. Bei guter Ernährung werden die Muskeln dann so gut ernährt, dass sich diese nicht selbst abbauen. Dann geht der Körper an sein Körperfett und beginnt dieses abzubauen.

Je mehr Muskeln man hat, desto mehr Kalorien werden allein durch das Vorhandensein der Muskeln verbraucht. Beim Joggen verbraucht man Kalorien während dem Laufen. Stellt man diese Aktivität ein, verbraucht man hierfür auch keine extra Kalorien mehr. Bei Muskeln ist das etwas anders. Diese sind auch nach dem Training noch da und wollen versorgt werden. Bei jeder Bewegung im Alltag, sogar im Schlaf. Je mehr Muskeln, desto höher der Kalorienbedarf. Und dies dauerhaft.

Daher macht es Sinn die großen Muskelgruppen zu trainieren um die Fettverbrennung zu beschleunigen.

Hierzu muss man aber wissen, dass eine Fettverbrennung nur stattfinden kann wenn der Körper keine oder nur eine geringe Insulin Ausschüttung hat. Ist diese zu hoch stellt der Körper für rund 20 Stunden den Abbau der Fettzellen ein. Für die Insulin Ausschüttung ist der Glykämischer Index von Bedeutung

Glykämischer Index:

Dieser ist verantwortlich für die Ausschüttung von Insulin. Je höher der Index, desto mehr Insulin wird ausgeschüttet.

Ein Wert unter 60 wäre gewünscht einzuhalten, damit nach dem Training der Abbau der Fettzellen erfolgen kann.

Anbei einige Lebensmittel und deren Wert:

Bier	100	Pfannkuchen	100
Cola	100	Kartoffelpüree	90
Apfelsaft	40	Reis	88
Milch	25	Nudeln	42
		Obst	40
		Bohnen, Linsen	25
		Nüsse	14
		Gemüse	5
		Fisch	5
		Fleisch	5

Wie sie sehen sind Kartoffeln hier nicht als ideal anzusehen. Öfters mal Nudeln, welche die deutlich langsameren Kohlenhydrate haben sind hier stark von Vorteil.

Wer sich hierfür weiter interessiert und sich weiter in diese Materie einlesen will, für den gibt es eine Reihe wirklich guter Bücher und Informationen im Internet.

Für alle anderen kommen wir nun zum Eigentlichen.

Training:

Wie Anfangs erwähnt wollen wir ein effektives gesundes Training. Ohne dass wir allzu viel Zeit dafür aufwenden müssen.

Wir wollen Erfolge. Es muss geschickt sein und ohne große Umstände ausführbar. Jederzeit und überall.

Nur dann wird es auch tatsächlich praktiziert. Hier spreche ich aus Erfahrung.

Ein Bekannter nutzt sein Motorrad deutlich seltener als ich. Nicht weil er weniger gern fährt. Einzig und allein weil es in der Garage hinter seinem Auto steht und er immer zuerst das Auto aus der Garage fahren muss bewirkt diesen Umstand. Sitzt man schon mal im Auto, bleibt man auch gleich sitzen. Ist man erst einmal Zuhause, bleibt man auch dort. Man rafft sich nicht mehr fürs Fitnessstudio auf.

Jeder kennt das Training mit Gewichten. Jeder weiß auch, das die ersten 6-7 Wiederholungen reine Bewegungen sind und erst die letzten 2-3, fast nicht mehr zu schaffenden Bewegungen den Muskel zum Aufbau reizen.

Weiterhin kann es jeder selbst fühlen dass es z.B. beim Hanteltraining auch auf die Stellung der Hantel zum Körper ankommt. Das Gewicht der Hantel wirkt sich je nach Position in der Bewegung unterschiedlich aus. Wird etwa beim Bizepscurl die Hantel gehoben, dann wirkt sich das Gewicht bei einem Winkel zwischen Ober- zu Unterarm größer 90° am größten aus. Wird die Hantel höher gehoben und somit der Winkel zwischen Oberarm und Unterarm kleiner wie 90° dann wird das Gewicht über die Knochen zunehmend gestützt. Der Muskel kann also nicht über die gesamte Bewegung ausreichend trainiert werden.

Legst du zu viel Gewicht auf kannst du dir die Gelenke und Sehnen schädigen. Stell dir vor dein Bizeps trägt 15 kg, dein dünner Unterarmknochen würde nur 10 kg vertragen. Wie willst du da richtig trainieren ohne Risiko oder mit Erfolg?

Weiteres Problem und heutzutage nicht unwichtig:
Der Rücken.
Dieser muss oftmals die benutzten Gewichte mit tragen. Ist dieser vorgeschädigt oder nicht in der Lage die Kräfte aufzunehmen drohen Rückenschmerzen.
Falscher Stand, eine verdrehte Körperhaltung usw. wirken sich hier fatal aus.

Schön wäre es also, eine gleichbleibende Gewichtsbelastung über die ganze Bewegung zu haben und sich sofort in dem Bereich der 2-3 letzten Bewegungen zu befinden.
Weiterhin wäre es doch ideal keine Überbelastung in den Gelenken und Sehnen hervorzurufen.

Und genau das machen wir.

Durch das Arbeiten unserer Muskeln gegeneinander, gehen wir sofort in den Bereich der Reizpunktsetzung ohne irgendwie in Überlast zu kommen. Als erstes wird dein schwächstes Glied in der Kette trainiert.
Eine Überlast der Gelenke ist auch hier ausgeschlossen. Der Körper macht hier nicht mehr wie er kann. Dadurch, dass wir nun jeweils unbewusst das schwächste Glied trainieren, trainieren wir hierzu automatisch die Balance im Körper. Ganz deutlich wird das bei der Übung für den Bizeps. Hier wird zeitgleich der Trizeps des anderen Arms mit trainiert.
Was für eine Zeitersparnis.

Bei unserer Art des Trainings wird der Trainingsreiz über die ganze Bewegung gesetzt.

Hast du schon mal mit Gewichten trainiert wenn du Gelenkprobleme hattest?

Wir reduzieren einfach in der Bewegung, in dem Bereich, in dem die Schmerzen zu spüren sind, den Zug in der Schlinge. Verlassen wir diesen Bereich erhöhen wir wieder den Zug innerhalb der Bewegung. Zudem hat dein Muskel nicht über den gesamten Bewegungsbereich die gleiche Kraft. Auch dies gleichen wir unbewusst und effektiv mit dieser Trainingsmethode aus. Ebenso passen wir uns automatisch an die Tagesform an, da wir wie schon beschrieben immer am Maximum arbeiten was dein Körper heute und jetzt in der Lage ist zu leisten.

Du wirst merken wie warm dein Muskel wird und was für ein Pump sich aufbaut. Die Durchblutung wird für einen längeren Zeitraum um das 20-30 fache gesteigert. Der Herzmuskel arbeitet mit.

Kalorien werden beim Training verbrannt und durch die lang anhaltende Durchblutung und das Wachsen des Muskels in der Ruhephase verbrennen wir auch bis zu 24 Stunden weiter Kalorien.

Dadurch, dass wir ohne Gewichte trainieren und keine Brücke zwischen Ober-Unterkörper schalten, ist der Rücken immer entlastet.

Das Gefühl nach dem Training, es getan zu haben, beschwingt dich.

<u>Wie oder was trainieren wir denn nun?</u>

Diese Art des Trainings findet man in keinem Studio. Dort wird ausschließlich mit Gewichten oder Widerständen trainiert. Das Training das wir anstreben und machen werden ist ein isokinetisches Training. Dies finden wir in Bereichen der Rehabilitation. Dort wird Muskelaufbau in gesunder Weise trainiert. Genau das was du tun willst.

Alle später gezeigten Übungen werden also als isokinetische Übungen (bewegt) gezeigt um den maximalen Erfolg zu erreichen. Es ist aber durchaus möglich diese isometrisch (starr) auszuführen. Dazu wird die Schlinge auf Dauerzug gebracht. Diesen Zug mit ca. 80% der Maximalkraft 7-10 Sekunden beibehalten. Dieses 3x wiederholen. Das kann überall und ohne Aufsehen trainiert werden. Es bewirkt eine schnelle Kraftzunahme, jedoch keinen großen Muskelaufbau über den gesamten Bereich.
Der Vollständigkeit halber erwähne ich diese Art des Trainings. Jedoch siehst du dieses bitte nur als Notlösung, nicht als Variante.

Dein angestrebtes Training ist isokinetisch. Das bedeutet:

Die gleiche Kraft über den gesamten Bewegungsablauf

Diese Art des Trainings verspricht große Kraftzuwächse im gesamten Bewegungsbereich des Muskels, weil hierdurch eine große Anzahl von Muskelfasern mit einbezogen wird. Somit erreicht man durch diese Art auch einen großen Muskelaufbau. Ebenso wird zeitgleich das Herz mittrainiert.

Du wirst es merken, wenn du zu Beginn des Trainings etwas schneller aus der Puste kommst und nach mehrmaligem Training sich deine Ausdauer erhöht.

Um Muskeln mit Gegenmuskel bzw. gegen den Körper trainieren zu können benötigen wir ein kleines Hilfsmittel. Eine einfache Schlinge. Kein großes sperriges Gerät, welches nach dem Training im Weg steht. Nein, eine einfache Schlinge, welche du überall mitnehmen kannst. Ich verwende hierzu eine Bandschlinge aus dem Kletterbereich in der Länge von 40cm. Diese Schlinge erleichtert einen ungemein den Einstieg. Später, wenn der Körper schon eine Balance aufgebaut hat, geht es auch ohne.

Skeptisch? Mache selbst einen Test.
Versuche heute Liegestütze, so viel du kannst, am Stück zu machen. Notiere dir die Anzahl auf der im Buch dafür vorgesehenen Seite. Du wirst keine Liegestütze mehr trainieren. Aber nach 4 Wochen Training machst du erneut diesen Test. Du wirst erstaunt feststellen, dass du, ohne Liegestütze trainiert zu haben, die Anzahl steigern kannst.

Behalte eine Übung mindestens 12 Trainingseinheiten bei.

Die vorgeschlagenen Übungen sind wahllos kombinierbar. Nach einiger Zeit kannst du selbstständig eigene hinzufügen. Du kannst nichts falsch machen. Dein Körper kennt seine Grenze.

<u>Wichtig jedoch ist:</u>
Trainiere bitte nicht erst 1 Stunde vor dem Schlafen gehen und nie hungrig. Dein Körper ist aufgewühlt. Adrenalin wird ausgestoßen. Du willst ja schließlich gut einschlafen.
Hunger ist ein Zeichen das der Körper Nachschub braucht. Trainierst du hungrig, kann es sein dass deinem Muskel Nährstoffe fehlen. Diese holt er sich von den anderen Muskeln. Er baut diese in Folge ab. In der Fachsprache nennt man diesen Vorgang den katabolen Effekt.
Um diesen Effekt zu vermeiden gilt es:

Hart, kurz und nicht hungrig

zu trainieren.
Nun möchtest du sicher wissen wann ein Muskel zu wachsen beginnt.
Auch dies ist kein Geheimnis. Ein Muskel muss auf 70-80% seiner Maximalkraft belastet werden. Das nennt man einen Reizpunkt setzen.
Ab diesem Moment hat der Muskel seinen Wachstumsreiz. Dafür ist es ihm egal, ob dieser über Gewichte oder sonst etwas gesetzt wird. Eben so wenig macht es keinen weiteren Sinn den Reizpunkt mehrfach zu setzen. Wer schon mal Telespiel gespielt hat der kennt es. Es macht keinen Sinn dass das man den Hebel trotz setzen der Richtung einfach weiter verbiegt. Oder wenn ein Feuer brennt und man wirft weiter Anzünder hinein. Es bringt nichts. So auch beim Muskel.

Auch wichtig zu wissen ist, dass ein Muskel nur in der Ruhephase wächst. Daher ist es ganz wichtig dem Muskel Ruhe zu geben um ihn wachsen zu lassen.
Zum Aufbauen empfehle ich hier 3x die Woche a 3 Sätze von 8-10 Wiederholungen mit 1 Tag Pause dazwischen.

Daraus ergeben sich mehrere Kombinationen. Wie etwa montags, mittwochs und freitags. Auch dienstags, donnerstags und samstags usw. sind denkbar.

Die Anzahl der Übungen bestimmst du.
Pro Übung rechne mit ca. 3 Minuten.

Pro Bewegung 2 Sekunden hin, 2 Sekunden zurück. 8-10-mal. Und zwischen den Sätzen 20 Sekunden Pause. Zwischen den Übungen bis zu 2 Minuten Pause.

Als Erhaltungstraining 1x die Woche 3 Sätze mit 8-10 Wiederholungen.

Wir arbeiten mit der Schlinge immer auf Zug.

Achte auf die Geschwindigkeit (2 Sekunden pro Bewegung). Behalte den Dauerzug konstant bei.

Wenn möglich trainiere anfangs vor einem Spiegel. Hierbei hast du die Möglichkeit deine Bewegungen selber zu beobachten und zu korrigieren.

Greife die Schlinge so wie es für dich bequem ist. Auch die Länge der Schlinge sollte dir zusagen.

Übungen:

Anmerkung

Die Schlinge ist am Anfang ein nützliches Werkzeug zur richtigen Ausführung der Übungen. Da wir mit einer Schlinge für die Bein und Oberkörperübungen arbeiten ist diese für mache Übungen zu lang. Weiterhin überträgt diese bei Übungen mit den Händen leichte Drehbewegungen von einer Hand zur Anderen. Um dies zu vermeiden und um die Schlinge zu kürzen, verdrehen wir diese 1-3 mal.

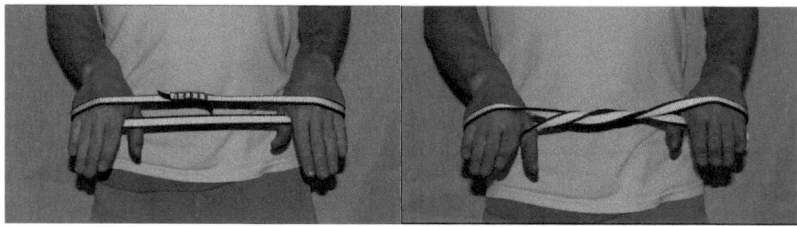

Beim Überkreuzen der Hände kann es sein, dass das Verdrehen der Schlinge noch nicht ausreicht. Dann nehmen wir diese einfach doppelt.

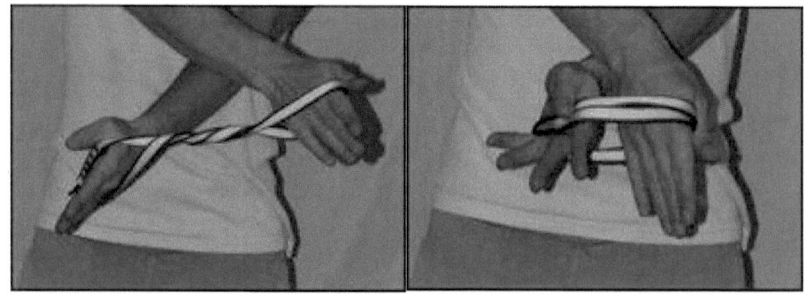

Rücken (untere Rückenmuskeln) (iru1)

Auf dem Bauch liegend die Schlinge vor dem Kopf nach außen ziehen. Beine und Oberkörper anheben und versuchen die Arme 3-4mal langsam zu strecken. Körper absetzen und nach einer kurzen Pause die Übung wiederholen. 3 Sätze a 10 Wiederholungen.

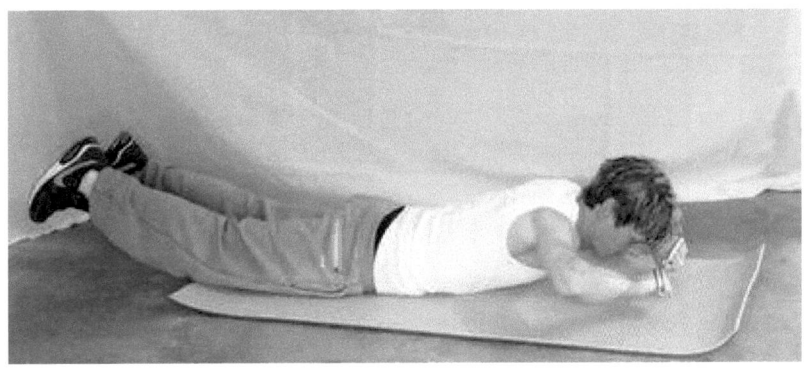

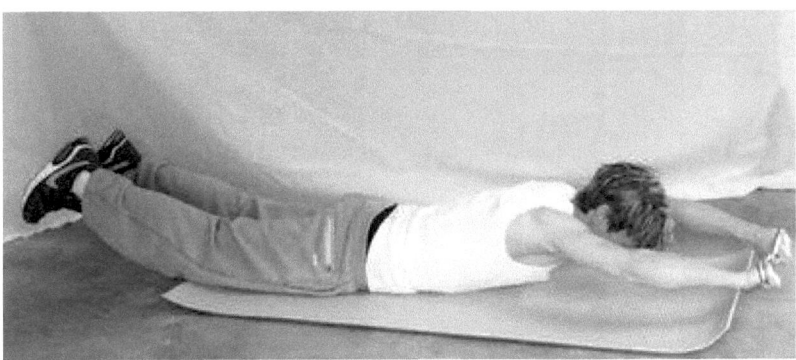

Schultern / Rücken (isc1)

Nimm die Schlinge in beide Hände. Bei trainieren der linken Seite sitzt die rechte Faust über der Linken. Rechter Knöchel schaut nach rechts, der Linke nach links. Spannung aufbauen und bei fast gestreckten Armen rechts am Körper vorbei führen. Soweit runter und soweit hoch es geht. Einatmen in der Hoch- und ausatmen in der Herunterbewegung. Für die andere Körperseite die Hände in der Position tauschen und die Übung rechts am Körper vorbei führen.

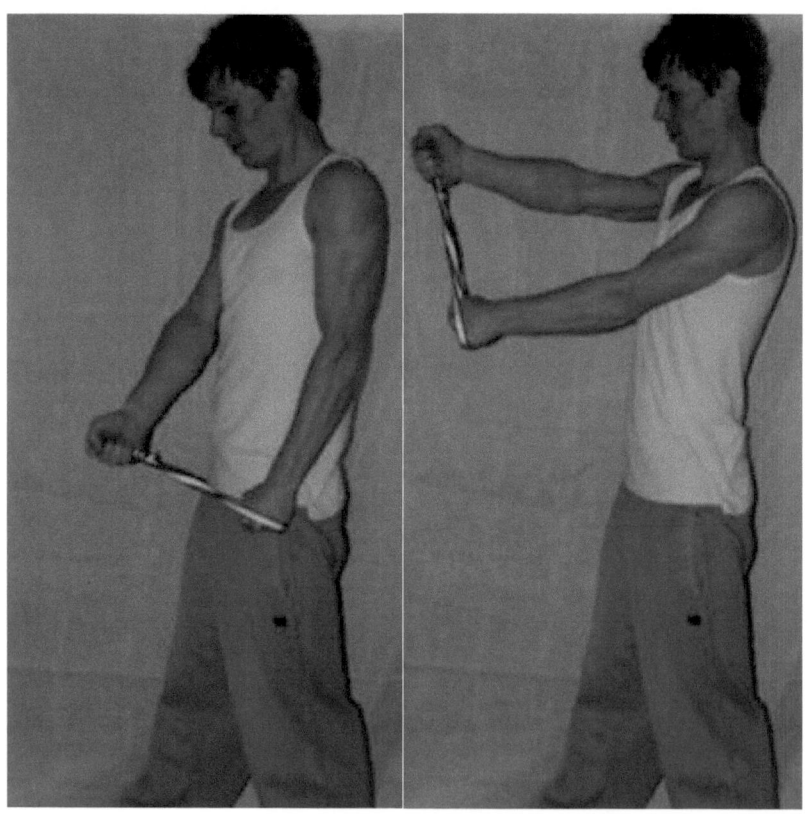

Schultern (isc2)

Lege die Schlinge bei fast gestreckten Armen vor der Brust in die Handgelenke. Beide Faustknöchel zeigen nach außen und greifen ein imaginäres Lenkrad. Arme so stark es geht nach Außen drücken, Ellenbogen schauen zu den Füßen. Nun langsam lenken, wie wenn man ein Lenkrad in den Händen hätte.

Brust (ibr1)

Fasse die Schlinge vor der Brust mit überkreuzten, fast gestreckten Armen. Die linke Faust drückt nach rechts. Die rechte Faust nach Links. Führe nun die Arme vom Bauch langsam bis über den Kopf und zurück.

Brust (ibr2)

Fasse die Schlinge vor der Brust mit überkreuzten, fast gestreckten, Armen. Die linke Faust drückt nach rechts. Die rechte Faust nach links. Führe nun beide Arme zur Brust und drück sie wieder in die Ausgangsstellung. Einatmen Richtung Brust, ausatmen beim Wegdrücken.

Trizeps (iar1)

Greife in Brusthöhe mit beiden Händen in die Schlinge. Die Knöchel der Faust schauen zum Kopf. Zieh so fest du kannst nach Außen. Achte dabei darauf, dass die Ellenbogen am Körper bleiben (nicht über die Schulter ziehen). Führe nun die Bewegung seitlich am Körper aus. Einatmen hoch, ausatmen runter.

Bizeps (iar2)

Greife in Brusthöhe mit beiden Händen in die Schlinge. Die Knöchel der Faust schauen zu den Füßen. Zieh so fest du kannst nach Außen. Achte dabei darauf, dass die Ellenbogen am Körper bleiben (nicht über die Schulter ziehen). Führe nun die Bewegung seitlich am Körper aus. Beim Senken einatmen, beim Heben ausatmen.

Bizeps / Trizeps (iar3)

Nimm die Schlinge in beide Hände. Bei rechtem Bizeps, linken Trizeps so, dass die linke Faust unter der rechten ist und die Knöchel nach vorne schauen. Ziehe nun unter Spannung die rechter Faust Richtung rechtes Ohr und dann die linke Faust zur linken Hüfte. Einatmen zur Hüfte, ausatmen zum Ohr.

Bei linkem Bizeps / rechten Trizeps Seite wechseln und zum linken Ohr bzw. rechter Hüfte.

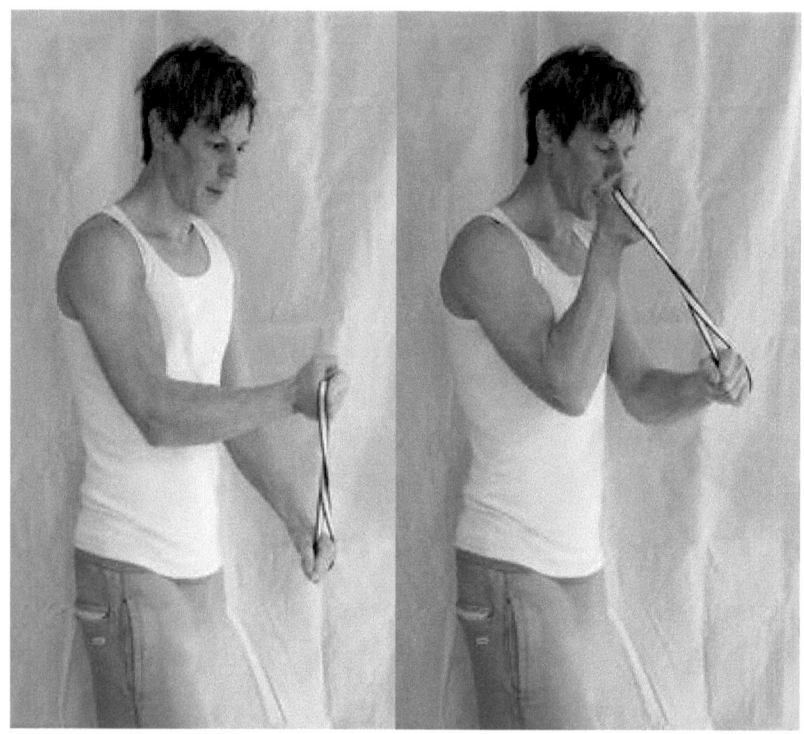

Bauch (iba1)

Lege die Schlinge nahe dem Knie auf den Oberschenkel.
Fasse mit beiden Händen in die Schlinge und umgreife kurz
unterhalb des Knies. Nun drücke mit den Händen die Schlinge
zum Fuß und halte mit dem Oberschenkel dagegen. Das Bein
langsam heben und senken. Ausatmen runter, einatmen hoch.
Seite wechseln nicht vergessen.

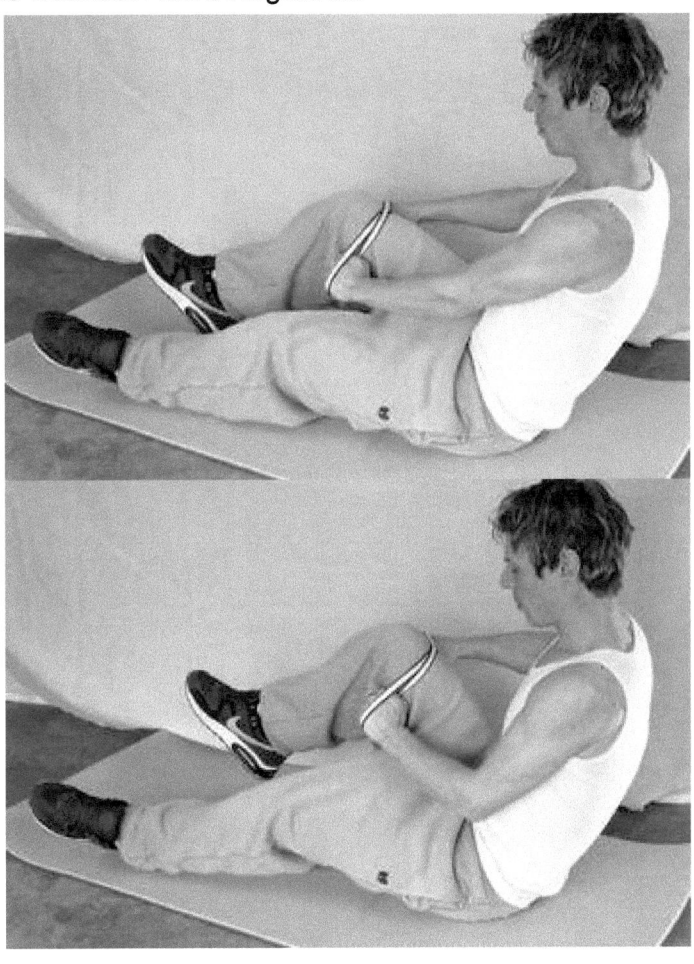

Bauch (iba2)

Setze dich auf den Boden.

Nimm die Schlinge um die Füße und ziehe stark nach außen.

Nun hebe die Füße und ziehe langsam die Knie an und strecke sie wieder. Einatmen beim Anziehen, beim Strecken ausatmen.

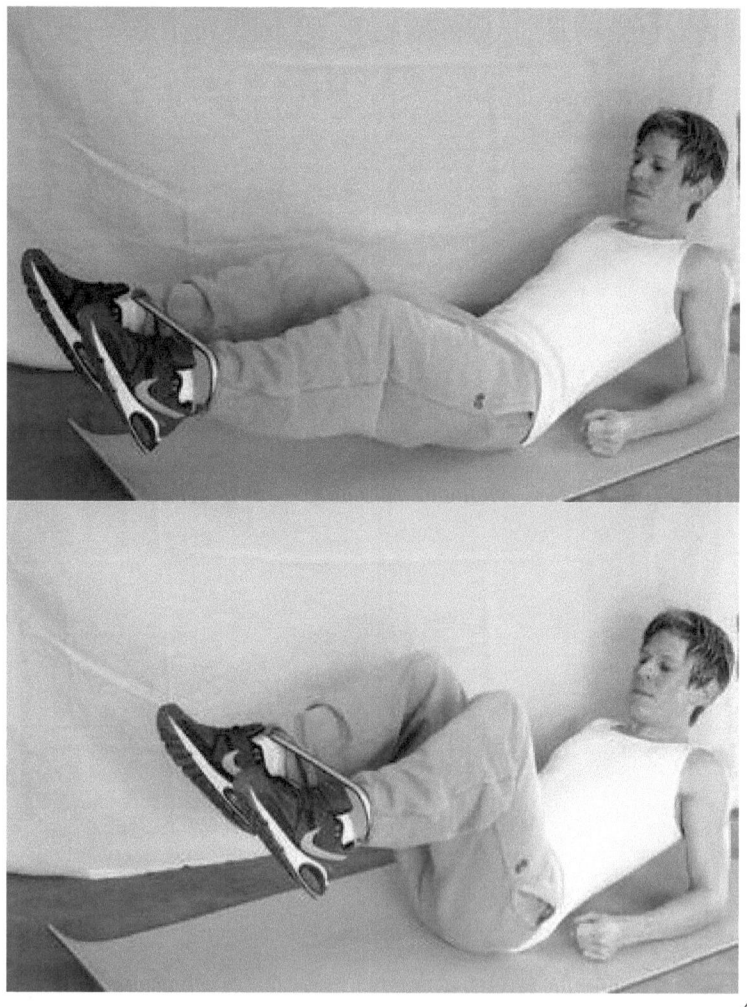

Beine (ibe1)

Im Sitzen die Schlinge zwischen die Knöchel nehmen. Diese auseinanderrücken und nun einfach die Beine langsam strecken und wieder senken.

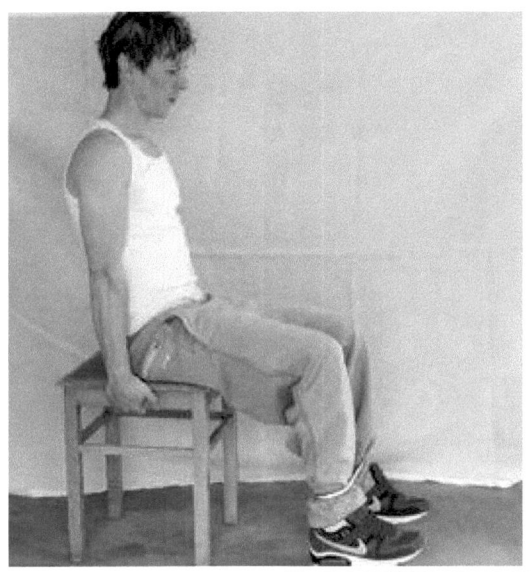

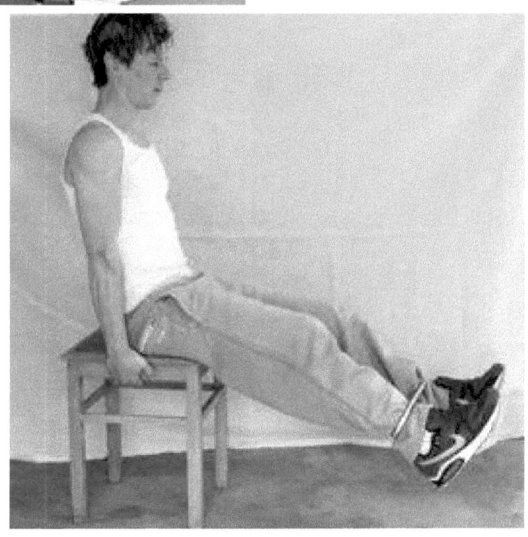

Du kannst selber eigene Übungen hinzufügen. Auch kannst du die Schlinge zwischen den Händen nehmen. Ziehen und einfach mal Bewegungen unter Dauerzug machen. Seitlich an Brust vorbei, rotieren, Kreise über den Kopf oder vor der Brust bei gestreckten Armen, usw. Versuche es selbst.

So werden auch kleinere Muskelgruppen gestärkt, welche dir im Alltag vieles erleichtern.

Nachwort:

Wie immer so entstand auch die Idee zu diesem Buch aus einer Laune heraus. Allerdings wurde alles Beschriebene selbst erfahren. Ich hatte aufgehört Krav Maga, SIT oder diverse andere Dinge zu betreiben um mich mehr um meinen Sohn zu kümmern. Dabei merkte ich wie meine Kraft zu schwinden schien. Ich brauchte wieder etwas, was mir Spaß macht ohne dabei stumpfsinnig mit Gewichten hantieren zu müssen. So stieß ich anfangs auf den „Bullworker".So einen im Mini Format baute ich für meinen Sohn, welcher hier mit mir mittrainierte. Ich selbst bin Ektomorph veranlagt und baue dadurch sehr schwer Muskelmasse auf. Weiter in der Materie steckend, lernte ich Frau Gundula Kernstock (66) kennen, welche mir Immer mit gutem Rat zur Seite stand. Aus der Fachsimpelei mit ihr, hat sie mich motiviert Trainingsberater zu werden. So machte ich mich immer mehr mit der Materie vertraut. Mein Training wurde zur Normalität und mein erlangtes Wissen stieß auf viele interessierte Ohren. In vielen Gesprächen mit Freunden und Bekannten merkte ich die Lust auf körperliche Veränderung. Die Beratungen wurden angenommen und erfolgreich umgesetzt. Von deren Erfolgen motiviert brachten mich letztendlich meine Freunde auf die Idee dieses Buch zu machen.

.

Individuelle Beratungen / Kurse vor Ort möglich.
Kontakt:
trainingsberater@gmx.de

Trainingsplan:

Im Trainingsplan die Übungen 6-8 Wochen beibehalten. Nach ca. 4 Wochen zusätzliche Übungen für Beine und Bauch hinzufügen.

Die Übungen 3x die Woche trainieren mit jeweils einen Tag Pause dazwischen. Nach dreimaligen Training 2 Tage Pause.

Zwischen den Übungen ca. 20 Sekunden Pause und zwischen den Sätzen bis zu 2 Minuten Pause.

	Übung	Wiederholungen	Sätze
Brust	1ibr1	8 – 10	3
Arme	iar1	8 – 10	3

Nach 8 Wochen einen eigenen Plan zusammenstellen

Tabellen:

Name:
Ziel:
Gewicht:
Liegestütztest: Stück am
                                Stück am

Jeden Monat kurze Überprüfung

Datum	Gewicht	Oberarm	Ober-schenkel	Brust-Umfang	Bauch-umfang

Notizen: